AF290098

LA BATAILLE DE MARATHON

L'épisode mythique de la fin
de la première guerre médique

Par Delphine Dumont
Sous la direction de Nicolas Cartelet

50MINUTES.fr

LA BATAILLE DE MARATHON

INTRODUCTION

Victoire décisive des Grecs sur les forces perses, la bataille de Marathon met fin, en 490 av. J.-C., à la première guerre médique. Il s'agit de l'un des plus célèbres faits d'armes de l'histoire antique.

En 490 av. J.-C., Darius Ier, roi de l'Empire perse (522-486 av. J.-C.), souhaite étendre son hégémonie à la mer Égée et à la Grèce continentale. Pour ce faire, son armée occupe tout d'abord la Thrace et la Macédoine, pour ensuite se diriger vers la cité d'Athènes. Le roi perse est en effet mû par son désir de punir les cités grecques, coupables d'avoir soutenu les Ioniens, qui se sont révoltés contre la Perse en 499 av. J.-C. Après avoir conquis et pillé plusieurs îles situées dans la mer Égée, Datis, commandant de la flotte perse, fait débarquer ses troupes dans la plaine de Marathon (sur la côte est de l'Attique, à environ 40 kilomètres d'Athènes). Après cinq jours de face à face, l'armée perse est battue et doit rembarquer pour l'Asie Mineure.

Dès lors, la propagande athénienne reprend la bataille et fait de cette victoire un événement mythique, en exaltant le courage des hoplites (soldats d'infanterie de la Grèce antique) qui se sont battus au péril de leur vie pour défendre leur terre et maintenir leur autonomie.

BON À SAVOIR

Les sources antiques traitant de cette période sont peu nombreuses. Les Perses n'ayant pas laissé de témoignages écrits de leur histoire, les sources principales sont grecques : nous sommes donc tributaires de *l'Histoire* d'Hérodote (historien grec, 484-420 av. J.-C.) et de la *Bibliothèque historique* de Diodore de Sicile (historien grec, 90-30 av. J.-C.). Le récit des guerres médiques laissé par Hérodote, datant de 445 av. J.-C., constitue la source la plus contemporaine des faits. Pour rédiger cet ouvrage, l'historien a utilisé des sources orales attiques, spartiates et ioniennes dont il a pris connaissance au cours de ses voyages. Malgré certaines approximations et libertés prises vis-à-vis de la réalité, l'*Histoire* demeure un ouvrage précieux, qui tente d'éclairer les événements à la lumière des points de vue grec et perse.

DONNÉES-CLÉS

- **Quand ?** Le 13 septembre 490 av. J.-C.
- **Où ?** À Marathon (Grèce)
- **Contexte ?** Les guerres médiques (490-479 av. J.-C)
- **Belligérants ?** Athènes et Platées (ville de Béotie) contre l'Empire perse
- **Acteurs principaux ?**
  - Miltiade le Jeune, stratège athénien (550-489 av. J -C)
  - Callimaque d'Aphidna, polémarque athénien (VIe siècle-498 av. J.-C.)
  - Datis le Mède, amiral perse (fin du VIe siècle-début du Ve siècle av. J -C.)
  - Artaphernès, général perse (fin du VIe siècle-début du Ve siècle av. J -C.)
- **Issue ?** Victoire grecque
- **Victimes ?**
  - Camp grec : environ 192 morts
  - Camp perse : environ 6 400 morts

CONTEXTE POLITIQUE ET SOCIAL

La bataille de Marathon s'inscrit dans le contexte des guerres médiques (490-479 av. J.-C.). Elle est l'aboutissement d'un conflit qui oppose une partie des cités grecques à l'Empire perse.

Le conflit peut être décomposé en trois parties :

- l'expansion de l'Empire perse
  (VIe siècle av. J.-C.) ;
- la révolte de l'Ionie et sa répression
  (499-497 av. J-C.) ;
- la stratégie égéenne de Darius Ier
  (491-490 av. J.-C.).

L'EXPANSION DE L'EMPIRE PERSE

Au début du Ve siècle av. J.-C., l'Empire perse s'étend du Pakistan actuel aux côtes méditerranéennes et à l'Égypte. Désireux d'agrandir ses possessions, Cyrus II le Grand (roi perse, vers 556-530 av. J.-C.) soumet les colonies grecques d'Asie Mineure, appelées cités ioniennes, vers 550 av. J.-C.

Vers 513, son successeur Darius Ier réorganise son vaste empire en créant des provinces (appelées satrapies) et en construisant deux villes administratives : Suse et Persépolis. Avide de conquêtes, il gagne de nouveaux territoires en envahissant la vallée de l'Indus (Nord de l'Inde).

Une fois son assise orientale consolidée, Darius Ier se tourne vers la mer Noire, où il souhaite étendre son emprise afin de contrôler le commerce en métaux précieux, en blé et en bois. Il entame alors une série de conquêtes en prenant les cités de Thrace et en soumettant le royaume de Macédoine. La première lui apporte un gain considérable, car la région est riche en forêts et en mines d'argent. Les Perses mettent également la main sur deux détroits stratégiques :

- l'Hellespont (détroit des Dardanelles) et les îles qui en contrôlent l'entrée (Imbros et Lemnos) ;
- le Bosphore et les ports de Byzance et de Chalcédoine (ville d'Asie Mineure).

Dès lors, l'empire contrôle le trafic maritime entre la mer Égée et la mer Noire. Les Athéniens, désireux de dominer le marché lucratif de la mer Noire, avaient eux aussi installé des colonies au niveau de l'Hellespont. La progression des Perses vers l'ouest met donc en péril leurs désirs, et très vite une rivalité naît entre eux.

Pour parfaire sa domination économique, le roi perse attaque les Scythes (installés au nord de la mer Noire, en Russie du Sud) qui ne cessent de s'enrichir grâce aux relations commerciales qu'ils entretiennent avec les cités grecques. Mais il ne parvient pas à les soumettre et est contraint de battre en retraite. Il se tourne alors vers la conquête de la Grèce.

LA RÉVOLTE IONIENNE

Si Darius Ier fait voile vers la Grèce continentale avec la ferme intention de soumettre Athènes et Érétrie, ce n'est pas seulement pour dominer le pourtour de la mer Égée. En effet, il désire également se venger des cités venues en aide aux Ioniens au cours de leur révolte contre les Perses.

L'Ionie (côte occidentale de la Turquie actuelle) est composée d'une douzaine de cités auto-nomes, toutes soumises au pouvoir perse depuis 540 av. J.-C. Elles ont pu conserver leur langue, leur religion et leurs coutumes, mais sont gouvernées par un tyran nommé par le roi perse. L'une d'elles dispose cependant d'un statut particulier qui lui confère une certaine indépendance : il s'agit de Milet. Malgré sa relative autonomie, elle subit toutefois elle aussi la domination commerciale perse en mer Égée. Alors, à mesure que les taxes royales augmentent, les cités ioniennes commencent à s'indigner et à émettre le désir de s'émanciper. Et pour cause, celles-ci sont affaiblies économiquement par des échanges commerciaux limités en mer Égée, notamment depuis la prise de Byzance.

Aussi Aristagoras, tyran de Milet (fin du VIe siècle av. J.-C.), propose-t-il au satrape perse de Lydie de conquérir les Cyclades (archipel grec de la mer Égée) au nom de l'empire ; mais il n'honore pas son engagement. Poussé par la crainte d'être destitué ou assassiné, Aristagoras pousse les siens à la révolte. Il proclame l'égalité citoyenne (appelée isonomie) pour Milet et pour l'ensemble des cités ioniennes qui, de ce fait, chassent leurs tyrans. Aristagoras trouve à Athènes et à Érétrie une aide militaire – limitée mais officielle – pour affronter l'armée perse.

Durant six années, les combats font rage. Les Ioniens remportent les premières batailles et, en 497 av. J.-C., d'autres cités se soulèvent comme à Chypre et en Thrace. Mais ces dernières déposent définitivement les armes en 494 av. J.-C. Milet, en manque de ressources pour alimenter ses flottes et ses mercenaires, se retrouve par conséquent seule face à l'ennemi. La même année, la ville est assaillie et, un an plus tard, les dernières îles sont à nouveau soumises par l'armée perse.

La victoire de son armée réveille les désirs expansionnistes de Darius Ier, ou du moins sa volonté d'établir en Grèce des régimes qui lui soient favorables. Le rôle joué par Athènes et Érétrie durant cette révolte achève de le convaincre d'imposer son autorité sur les deux rives de la mer Égée.

LA STRATÉGIE ÉGÉENNE DE DARIUS IER

La campagne avortée de 492 av. J.-C.

Darius Ier organise une première expédition contre la Grèce en 492 av. J.-C. Hérodote rapporte qu'au printemps de cette année, le roi perse envoie son gendre Mardonios (mort en 479 av. J.-C.) en Asie Mineure pour qu'il rassemble leurs forces et les mène en Thrace afin de rétablir son autorité perdue lors de la révolte ionienne. L'armée terrestre traverse l'Hellespont et soumet les peuples macédonien, bryge et thasien, mais la flotte, qui se dirige vers Acanthos, subit de lourdes pertes lors d'une tempête près du mont Athos. Mardonios ordonne alors le repli des troupes, ce qui lui vaut d'être temporairement relevé de ses fonctions de commandant.

L'expédition de 491 av. J.-C.

L'année suivante, Darius Ier prépare une nouvelle campagne. Il envoie dans de nombreuses cités grecques des hérauts royaux (que l'on peut qualifier d'ambassadeurs) pour demander « la terre et l'eau » (HÉRODOTE, *Histoire*, livre V, 17) en signe de soumission. Athènes et Sparte refusent et tuent les ambassadeurs perses, ce qui équivaut à une déclaration de guerre.

En réaction, Darius Ier mobilise ses forces navales et terrestres et les place sous le commandement de l'amiral Datis et du général Artaphernès, qui reçoivent, selon Hérodote, la « mission de les réduire en esclavage et d'amener en sa présence leurs peuples asservis » (Hérodote, livre VI, 94).

Il met ensuite en place une stratégie égéenne qui consiste à soumettre les îles grecques avant d'atteindre Athènes et Érétrie : c'est un succès.

Les deux îles les plus importantes, Naxos et Délos, sont prises sans violence. À partir de là, la conquête des îles restantes est aisée et l'armée perse parvient à soumettre facilement les Cyclades. L'objectif de Darius Ier est donc atteint. Il élimine ainsi toute concurrence en mer avant d'aborder la côte.

Débarquée sur l'île d'Eubée, la bataille pour la prise d'Érétrie par la flotte perse marque un épisode sanglant et meurtrier de l'expédition. Seule, face à l'ennemi, la cité subit un siège de six jours au terme duquel la ville est pillée et incendiée. Les citoyens sont alors déportés aux environs de Suse, capitale du roi perse.

Conseillé par Hippias, le tyran athénien déchu qui a trouvé refuge auprès des Perses, Datis fait accoster ses troupes dans la plaine de Marathon le 13 septembre 490 av. J.-C. Dès l'annonce de cette intrusion, les Athéniens, rejoints par les Platéens, se mettent en route pour leur porter secours. Les Spartiates sont également appelés, mais la célébration d'une fête religieuse les oblige à attendre dix jours avant de prendre la route et, lorsqu'ils parviennent au champ de bataille, le conflit est déjà terminé. Les Athéniens se retrouvent donc presque seuls face aux Perses lorsque la bataille éclate. Datis a cependant choisi de ne pas déployer toutes ses troupes dans la plaine et d'envoyer une partie de la cavalerie à Phalère, l'un des trois ports d'Athènes, afin de prendre rapidement l'Acropole et la cité.

Bon à savoir

La datation de la bataille de Marathon reste aujourd'hui encore approximative. Deux dates sont habituellement avancées : les 12 et 13 septembre 490 av. J.-C., la dernière étant la plus communément admise par les historiens. Cette date correspond au jour du débarquement des troupes perses dans la plaine de Marathon.

ACTEURS PRINCIPAUX

MILTIADE LE JEUNE, STRATÈGE ATHÉNIEN

Fils de Cimon Coalemos (champion olympique athénien, mort en 524 av. J.-C.), Miltiade le Jeune appartient à une riche lignée d'aristocrates athéniens : les Philaïdes.

Devenu archonte en 524 av. J.-C., il est chargé dès 518 de l'administration de la Chersonèse de Thrace (région de Thrace dirigée par Athènes) et subit directement la tutelle perse sur la région. Lors de l'expédition menée par Darius Ier contre les Scythes, Miltiade le Jeune est contraint de faire campagne à ses côtés en menant un contingent de la flotte. Cette expérience lui apprend de nombreuses choses sur le fonctionnement militaire perse qui lui seront d'une grande aide lors de la bataille de Marathon.

En 499 av. J.-C., Miltiade le Jeune ne participe pas à la révolte ionienne, mais profite de l'occasion pour reconquérir deux îles passées sous domination perse : Lemnos et Imbros. Craignant la vengeance de Darius Ier, il s'enfuit à Athènes en 492, où il devient l'un des dirigeants du parti oligarchique (forme de gouvernement au sein duquel l'autorité se trouve entre les mains d'un petit nombre d'individus) et est élu stratège deux ans plus tard.

Lorsque les Perses envahissent Marathon, il décide de ne pas attendre l'ennemi derrière les remparts d'Athènes et se met en route avec les hoplites athéniens vers la cité. Par ailleurs, il détient une information importante puisqu'il connaît l'armement perse et sait, par conséquent, que les Athéniens sont mieux équipés pour un combat au corps-à-corps. Après cinq jours de face à face, il décide de lancer l'attaque, même s'il ne dispose pas des renforts spartiates. Il tente ainsi de gagner du temps pour rejoindre au plus vite Athènes qui est elle aussi menacée. La victoire de Marathon le couronne de succès, mais sa gloire ne dure qu'un temps : il est blessé au cours de l'expédition qu'il a lui-même lancée contre Paros (riche île des Cyclades) et qui se solde par un échec. Les conséquences sont lourdes : le parti démocrate athénien l'accuse de trahison pour avoir mené une expédition personnelle avec l'armée de la cité. Miltiade le Jeune est alors condamné à une peine de prison. Ne pouvant payer son amende, il meurt en prison en 489 av. J.-C.

CALLIMAQUE D'APHIDNA, POLÉMARQUE ATHÉNIEN

Il existe peu de sources qui traitent de Callimaque d'Aphidna. Ce polémarque (chef d'armée qui dispose également de fonctions religieuses) athénien, né au VIe siècle av. J.-C. et mort en 489 av. J.-C., n'a donc laissé que très peu de traces.

Il apparait cependant qu'il a joué un rôle important dans la bataille de Marathon. Hérodote raconte en effet : « Miltiade s'adressa donc à lui. "Callimaque, lui dit-il, le sort d'Athènes est actuellement entre vos mains ; il dépend de vous de l'asservir, ou de la rendre libre en acquérant une gloire immortelle [...]. " Le polémarque, gagné par ce discours, joignit sa voix à celle de Miltiade et son vote fut décisif : on résolut d'engager le combat. » (HÉRODOTE, livre VI, 109-110)

Durant la bataille, Callimaque d'Aphidna prend la tête de l'aile droite comme le prévoit la loi athénienne. Alors que le centre du dispositif militaire grec est vaincu, les ailes en sortent victorieuses. Son commandement est donc d'une importance capitale pour la victoire. Il meurt toutefois durant le combat après avoir vaillamment bataillé, à en croire le témoignage d'Hérodote.

DATIS LE MÈDE, AMIRAL PERSE

Datis le Mède, né à la fin du vie siècle et mort au début du Ve siècle av. J.-C., a lui aussi laissé très peu d'informations sur sa vie avant 491 av. J.-C.

Cette année-là, il est nommé chef de la flotte perse par Darius Ier et mène la conquête des Cyclades avec succès. Il participe également à la prise d'Érétrie aux côtés d'Artaphernès.

Hérodote nous informe qu'il a ensuite participé au débarquement des troupes perses dans la plaine de Marathon. Mais, devant la défaite, il décide de rembarquer ses trières (navire guerrier grec disposant de trois rangs de rameurs superposés et d'éperons) et de reprendre la mer pour amener ses troupes au port de Phalère (port d'Athènes).

ARTAPHERNÈS, GÉNÉRAL PERSE

Noble perse né à la fin du VIe siècle av. J.-C., Artaphernès est le neveu de Darius Ier. Son père est le satrape de Lydie, région touchée par la révolte ionienne.

En 491 av. J.-C., Darius Ier le charge lui et Datis de mener les troupes perses à la conquête de la Grèce.

Un an plus tard, Artaphernès participe à la prise d'Érétrie, qu'il fait piller et incendier et dont il soumet la population à l'esclavage. Hérodote ne rapporte aucun fait sur son comportement lors de la bataille de Marathon. Nous savons juste qu'il est battu par Miltiade le Jeune et donc contraint de rebrousser chemin.

En 480, il participe à la seconde guerre médique organisée par le successeur de Darius Ier, Xerxès Ier (roi perse, 486-465 av. J.-C.), mais y occupe un poste subalterne. Il meurt au début du Ve siècle av. J-C.

ANALYSE DE LA BATAILLE

LE CHOIX DE MARATHON

Les Perses ont pour objectif de soumettre la ville d'Athènes après leur succès à Érétrie. Pourtant, au lieu d'attaquer la cité directement, ils font le choix de débarquer leurs troupes à Marathon, située à 40 kilomètres de la capitale grecque. Ainsi, en attirant l'armée athénienne loin de la cité, Datis laisse la voie libre au reste de sa flotte, qui pourra débarquer sans encombre à Phalère. Notons à ce propos que les côtes grecques sont réputées pour leurs montagnes et leurs vallées, qui constituent une véritable protection et rendent donc complexes les débarquements.

Hérodote rapporte que c'est Hippias qui conseille à Datis la plaine de Marathon. Il ajoute que le vieux tyran déchu participe lui aussi à la cam-pagne militaire aux côtés des Perses. Dès lors, le choix du lieu s'explique clairement : la plaine de Marathon faisait partie des possessions des

Pisistratides, famille dont est issue Hippias. Ce dernier a donc le désir de s'en emparer avant de partir à l'assaut du trône d'Athènes, qu'il souhaite recouvrer depuis son exil en 510 av. J.-C.

ATHÈNES, UNE DÉMOCRATIE MILITAIRE

À Athènes, la formation militaire est obligatoire pour tous les citoyens masculins de 18 à 20 ans. Une fois celle-ci effectuée, tout soldat âgé entre 21 et 59 ans peut être appelé à combattre.

Depuis la réforme agraire de Solon (homme d'État athénien, 640-558 av. J.-C.) au VIe siècle, il existe quatre classes de citoyens répartis selon leurs revenus agraires. C'est cette organisation sociale en classes censitaires qui prévaut dans l'attribution des différentes armes :

- les pentacosiomédimnes, les plus riches, servent dans la cavalerie ;
- les hippeis et les zeugites constituent les formations d'hoplites (infanterie lourde), mais certains *hippeis*, assez riches, peuvent entretenir un cheval et ainsi faire partie de la cavalerie ;

- les thètes, ouvriers agricoles sans terres, servent dans l'infanterie légère et dans la marine (très peu développée en 490 av. J.-C).

L'armée n'est pas permanente. Elle est donc levée selon les besoins après le vote des dix stratèges. Dans le cas de Marathon, Hérodote raconte que ceux-ci n'étaient pas tous d'accord : cinq sont d'avis qu'il ne faut pas combattre, alors que les cinq autres soutiennent le combat. Le 11e suffrage, celui du polémarque, est donc décisif. C'est Miltiade le Jeune qui convainc Callimaque de voter pour la mobilisation des troupes. À Athènes, c'est donc par un vote que la guerre est décidée et non par la volonté d'un seul homme comme c'est le cas en Perse.

cette charge revient aux stratèges, qui s'attribuent le commandement d'un régiment d'hoplites. Leur rôle évolue, jusqu'à obtenir le commandement suprême de l'armée et de la marine.

LES FORCES EN PRÉSENCE

L'armée grecque

Les chiffres exacts ne sont pas connus, mais il est communément admis que l'armée grecque levée pour la bataille de Marathon compte 11 000 hoplites, dont 1 000 Platéens. Un tiers des Athéniens en âge d'être mobilisés ont été appelés – les deux tiers restants étaient probablement trop pauvres pour servir dans la phalange. Certains historiens s'accordent à dire que l'armée est mobilisée en toute hâte par peur de voir le tyran de retour dans la cité. Craignant de ne pas être assez nombreux, des esclaves sont enrôlés pour la première fois dans l'armée.

Les troupes athéniennes sont dirigées par dix stratèges (un pour chaque tribu) et le polémarque, qui s'occupent du commandement de l'armée à tour de rôle. Selon Hérodote, certains généraux laissent leur tour à Miltiade le Jeune qui connait bien l'armée perse pour avoir combattu à ses côtés face aux Scythes.

L'armée perse

Il est également complexe d'estimer le nombre exact d'hommes qui ont participé à la bataille de Marathon du côté perse. Des auteurs postérieurs aux faits font mention d'effectifs d'environ 100 000 à 600 000 hommes. À ceux-là, s'ajoutent les trières (navires de combat) estimées à 600 par Hérodote. Il faut bien évidemment analyser ces chiffres avec précaution et considérer qu'ils ont été exagérés pour diverses raisons. Les historiens contemporains avancent quant à eux le chiffre de 25 000 hommes auxquels s'ajoutent 1 000 cavaliers. N'oublions pas que l'armée perse ne débarque qu'une partie de ses troupes à Marathon, laissant l'autre prendre la direction du port de Phalère. Il est malgré tout raisonnable de penser que les forces de Datis et d'Artaphernès étaient deux fois supérieures en nombre aux effectifs grecs.

Composée d'hommes venus des quatre coins de l'empire, des soldats ne parlant pas la même langue doivent combattre ensemble. Ce pluri-linguisme a pu désavantager l'armée perse lors des manœuvres, même si celle-ci est organisée selon l'origine des combattants. Grâce au récit d'Hérodote, nous savons que les Perses et les Saces (peuple scythe) combattent au centre du dispositif militaire.

L'AVANTAGE GREC SUR L'ARMEMENT ET LE MANQUE DE CAVALIERS PERSES

L'armement des hoplites athéniens constitue un avantage pour l'armée grecque. Ceux-ci com-posent ce que l'on appelle une infanterie lourde et sont très bien équipés. Ils possèdent :

- des casques, boucliers, cuirasses, jambières et brassards en bronze pour se protéger ;
- des épées, de longues lances et des boucliers en peau et en métal pour combattre.

En revanche, l'armement de l'infanterie perse est beaucoup plus léger et se montre peu effi-cace dans les combats au corps-à-corps. Ils ne disposent en effet que de boucliers en osier et de courtes piques. L'armée perse est davantage reconnue pour sa redoutable cavalerie, mais peu de cavaliers prennent part à la bataille de Marathon. À première vue, la plaine semblait pourtant propice au déploiement des chevaux, mais, en se rendant sur le champ de bataille, les historiens ont compris que ce n'était absolument pas le cas. L'amiral Datis a donc dû s'en rendre compte lui aussi.

LA STRATÉGIE

Dès lors qu'ils apprennent que l'armée perse approche de Marathon, les Athéniens quittent leur cité pour aller au devant de l'ennemi. Alors que l'infanterie et la cavalerie perses débarquent dans la plaine, les hoplites grecs viennent encercler l'ennemi pour le contenir sur la plage, afin d'éviter qu'ils ne rejoignent la cité. Ils se postent ensuite sur les hauteurs de la plaine pour attendre les renforts spartiates. Malheureusement, une fête religieuse oblige ces derniers à attendre la pleine lune (c'est-à-dire le 15 septembre) pour se mettre en route.

Après cinq jours de face à face et ne voyant pas les renforts arriver, Miltiade le Jeune décide de lancer l'assaut. Il sait que l'infanterie athénienne est mieux armée et qu'elle peut remporter un combat au corps-à-corps. Aussi, leur technique de combat, appelée phalange, est redoutable : les hoplites évoluent en rangs serrés et sont munis de grands boucliers qui forment ensemble une muraille.

LE DÉROULEMENT DE LA BATAILLE

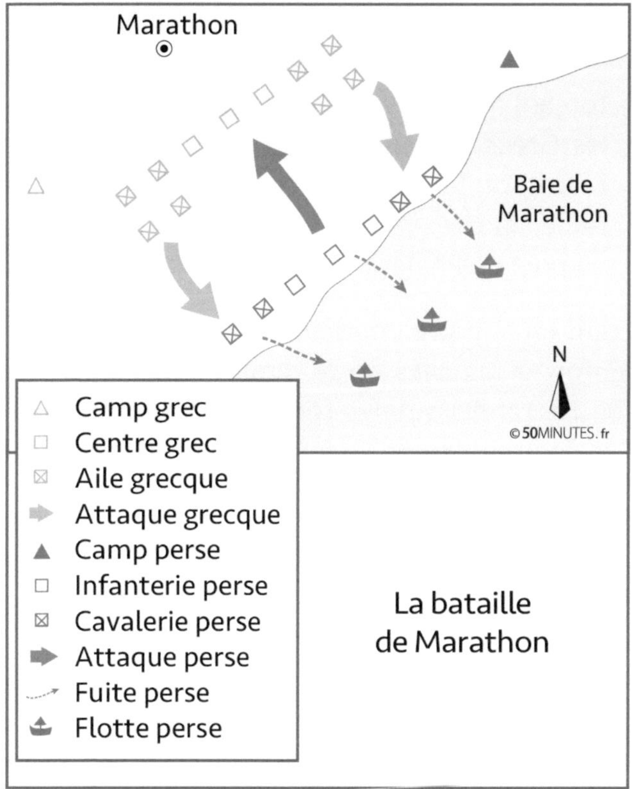

La bataille
de Marathon

Après ces cinq jours d'observation, on ne peut affirmer avec précision ce qui décide Miltiade le Jeune à lancer l'assaut. Plusieurs hypothèses existent :

- le rembarquement de la cavalerie perse laisse une infanterie légère en place, ce qui a sans doute poussé les Grecs à passer à l'acte ;
- les Perses prennent une position offensive, forçant les Grecs à mener l'attaque ;
- les Grecs doivent en finir avec la bataille de Marathon le plus rapidement possible afin de rallier la cité, vulnérable à une attaque perse au port de Phalère.

Étant en nombre inférieur, les Grecs décident de renforcer les ailes et de diminuer les forces au centre, tandis que les forces perses sont réparties équitablement au centre et sur les ailes.

Seuls 1 500 mètres séparent les deux armées lorsque les Athéniens donnent l'assaut. Les hoplites grecs s'avancent d'abord en marchant en rangs serrés, au son des flûtes, et parcourent les 100 derniers mètres en courant vers l'ennemi afin d'éviter les flèches et de provoquer un choc violent sur la ligne perse. Malgré cette puissante attaque, le centre athénien est enfoncé et battu. Les Perses poursuivent alors les fuyards qui se dirigent vers l'intérieur des terres.

UNE COURSE LÉGENDAIRE

Pendant ce temps, Callimaque et les Platéens remportent une victoire sur les ailes de l'armée perse, les contraignant à s'enfuir pour regagner leurs navires. Les ailiers grecs se retournent ensuite contre le centre perse et poursuivent ceux qui essaient de rejoindre leurs vaisseaux.

Selon Hérodote, ce ne sont pas moins de 6 400 Perses qui sont tués, alors que les rangs grecs ne comptent que 192 morts, parmi lesquels on retrouve le polémarque Callimaque. Par ailleurs, les Grecs prennent et brûlent sept navires perses. À nouveau, il est important de préciser qu'il faut considérer ces chiffres avec beaucoup de précaution. En effet, le nombre d'Athéniens tués parait très faible compte tenu du fait que leur centre a été enfoncé. Cet écart entre les deux armées permet cependant de magnifier un peu plus la victoire grecque.

Il existe une légende qui dit que, lorsque la victoire a été annoncée, un messager est parti en courant depuis la plaine de Marathon vers Athènes pour porter la nouvelle, parcourant ainsi une quarantaine de kilomètres. Arrivé à destination, il serait mort d'épuisement. Selon Plutarque (écrivain grec, vers 46-vers 120 apr. J.-C.), le coureur serait un certain Euclès, mais d'autres sources parlent d'un certain Phidippidès. Des siècles plus tard, une épreuve d'athlétisme a été créée par Michel Bréal (linguiste français, 1832-1915) pour commémorer cet exploit : il s'agit du marathon (course de 42,195 kilomètres) qui est la plus longue épreuve d'athlétisme des Jeux Olympiques.

Une fois la bataille terminée, les hoplites grecs doivent se rendre sans plus attendre à Athènes afin de contrer l'offensive perse au port de Phalère. Au pas de course, les troupes arrivent au port après huit heures, devançant de peu la flotte perse. Voyant le passage bloqué, Datis décide de ne pas débarquer ses troupes et de retourner en Asie Mineure.

Cet abandon laisse planer le doute quant à l'importance d'une conquête d'Athènes aux yeux de Darius Ier. L'empereur souhaitait peut-être uniquement mener une expédition punitive contre une cité rebelle à son autorité.

RÉPERCUSSIONS DE LA BATAILLE

LA VICTOIRE DE LA DÉMOCRATIE ATHÉNIENNE SUR LA TYRANNIE

Avec la défaite perse, la bataille de Marathon signe également l'échec d'Hippias. La victoire athénienne est célébrée comme une délivrance, car elle écarte définitivement le risque d'un retour de la tyrannie dans la cité.

BON À SAVOIR

Après le départ d'Hippias et la fin de la tyrannie (510 av. J.-C.), ce sont les familles aristocratiques d'Athènes qui se partagent le pouvoir politique. Deux ans plus tard, Clisthène réforme le système et concède au peuple la participation aux décisions et aux fonctions politiques. La citoyenneté est ouverte aux hommes de plus de 20 ans nés de parents citoyens et qui ont effectué leur service militaire de deux ans.

Cette victoire devient rapidement symbolique et confère un grand prestige à Athènes. En effet, elle convainc les cités grecques de leur capacité à battre l'ennemi perse, tant redouté jusque-là. Ainsi, lors de la seconde invasion perse (480 av. J.-C.), les Grecs se jugent à même de battre une nouvelle fois l'armée perse.

La victoire est également militaire, elle valorise le rôle des citoyens-soldats (les hoplites) en tant que défenseurs de la cité et de la démocratie. Le modèle isonomique fait donc ses preuves et s'inscrit durablement dans la vie politique athénienne. Elle consacre ainsi les droits de la classe moyenne aisée. Il faut cependant attendre la seconde guerre médique (480-479 av. J.-C.) pour que les citoyens les plus pauvres (les thètes) fassent leur entrée sur la scène politique et militaire grâce à la victoire de Salamine (29 septembre 480 av. J.-C.).

Cette réussite devient rapidement une justification idéologique du pouvoir athénien et les hommes politiques l'utilisent pour justifier leur hégémonie sur le monde grec.

Certes, les Perses perdent la bataille de Marathon, mais cette défaite reste mineure. En effet, lors de l'expédition de 490 av. J.-C., Darius Ier est parvenu à soumettre les Cyclades et Érétrie, ce qui lui permet de dominer les cités ioniennes, la Thrace et l'Hellespont. La mer Égée est donc sous son contrôle et l'objectif principal bien rempli pour l'Empire perse. Darius Ier souhaite prendre rapidement sa revanche, mais une révolte ayant éclaté en Égypte (486 av. J.-C.) l'occupe les derniers mois de sa vie.

LA FONDATION DE LA LIGUE DE DÉLOS

Les Perses se montrant toujours menaçants, la ligue de Délos est créée en 478 av. J.-C. Il s'agit d'une alliance militaire créée par Athènes pour repousser les Perses. Dès lors, plusieurs cités grecques se regroupent sous l'autorité athénienne :

- les îles de la mer d'Ionie ;
- les îles de la mer Egée ;
- les cités d'Asie Mineure.

La ligue évolue peu à peu vers une confédération étatique sur laquelle Athènes impose sa suprématie. Athènes reçoit de ses alliés des troupes, des navires mais aussi un tribut en argent, et s'engage ainsi à protéger les petites cités avec l'aide de Sparte.

LA SECONDE GUERRE MÉDIQUE

En 486 av. J.-C., Xerxès Ier succède à son père Darius Ier et, six ans plus tard, il mène une expédition punitive pour se venger d'Athènes. Il prépare longuement cette campagne et ne laisse rien au hasard. Xerxès Ier prévoit de faire arriver deux armées en même temps sur Athènes :

- la première doit rejoindre la cité par voie terrestre en traversant l'Hellespont et la Thrace ;
- tandis que la seconde débarquera par la mer.

De son côté, Athènes reçoit l'aide de nombreuses cités grecques pour lever une armée qui reste largement inférieure en nombre à celle du roi perse. Il faut cependant mentionner le cas de certaines cités telles que Thèbes qui se rangent du côté perse par peur des représailles.

Lorsque les hostilités commencent, les Grecs décident d'occuper les Thermopyles, une position défensive offrant un accès à l'intérieur de leur terre. Malheureusement, ils perdent la bataille et les Perses avancent sur Athènes, alors délaissée par la majorité de ses habitants. L'Acropole est mise à sac.

perse durant trois jours, mais est tué avec son armée sur ordre de Xerxès Ier.

La flotte grecque décide alors de fuir l'Attique et de se réfugier à Salamine (petite île située au sud d'Athènes), mais elle est poursuivie par les Perses qui s'engagent eux aussi dans le détroit. Leurs grands navires se gênent mutuellement dans l'étroit passage et les Perses essuient une défaite sanglante. Devant la perte de nombreux navires, les quelques survivants se replient.

Bon à savoir

La bataille navale de Salamine a lieu en septembre 480 av. J.-C., près de la petite île de Salamine située au large du Pirée, port d'Athènes. Elle oppose les flottes grecque et perse. Cette dernière y essuie une importante défaite à cause de la stratégie mise en place par son adversaire. En effet, les 200 trières grecques présentes parviennent à encercler les vaisseaux perses dans le détroit et font couler la moitié de la flotte adverse. Xerxès Ier doit abandonner la bataille et sauver le reste de sa flotte.

De son côté Xerxès Ier repart pour la Perse mais laisse ses troupes passer l'hiver en Grèce continentale. Au printemps 479 av. J.-C., le général Mardonios lance l'assaut en Attique et occupe Athènes. Très vite, il se trouve confronté à une redoutable armée grecque en Béotie. La victoire grecque est complète à Platées, la flotte perse étant vaincue.

La bataille de Platées a lieu en 479 av. J.-C., en Béotie. Elle oppose les troupes grecques et perses qui ont fait construire un camp fortifié à Platées. Les Grecs (Sparte, Athènes, Mégare et Corinthe) lèvent une puissante armée et marchent sur leur camp. En choisissant un meilleur positionnement, les Grecs donnent l'impression aux Perses qu'ils battent en retraite. Par conséquent, ces derniers décident de les poursuivre, mais sont finalement vaincus. Les Perses restés au camp sont eux aussi massacrés. Cette bataille met fin à la présence de troupes perses en Grèce.

D'autres batailles sont menées par les Grecs pour reprendre l'Hellespont et les îles égéennes. En 449 av. J.-C., la paix de Callias est signée et met fin au conflit : Athènes domine dès lors le monde égéen. Le traité met également fin à la ligue de Délos qui n'a plus de raison d'être. Athènes accentue cependant sa domination :

- en transférant le trésor de Délos à Athènes ;
- en fondant des colonies athéniennes dans les différentes cités ;
- en imposant l'utilisation de sa monnaie et de ses unités de poids et de mesure ;
- en transférant l'autorité judiciaire à Athènes.

AUX ORIGINES DU DISCOURS DÉMOCRATIQUE

Dès le lendemain de la victoire, Marathon est récupérée par le parti démocrate athénien, qui fait du combat contre les Perses le symbole de la lutte pour la liberté des Grecs. Dès lors, la littérature et le théâtre athéniens n'en finissent pas d'exalter le courage des marathonomaques (nom donné aux combattants de Marathon). *Les Perses* (472 av. J.-C.), célèbre tragédie d'Eschyle (poète tragique grec, 525-456 av. J.-C.), met en scène Darius Ier et ses proches, effondrés d'apprendre leur défaite et la nouvelle hégémonie athénienne : l'auteur exagère grandement l'importance de la bataille pour annoncer la toute-puissance à venir d'Athènes.

Peu à peu, Marathon devient le cri de ralliement des Grecs, défenseurs de la civilisation et des principes d'égalité contre la « barbarie » des Perses. Au IVe siècle, au moment où le roi de Macédoine, Philippe II (382-336 av. J.-C.) et son fils Alexandre le Grand (356-323 av. J.-C.) préparent l'expédition en Asie (340 av. J.-C.), des penseurs tels qu'Isocrate (orateur grec, 436-338 av. J.-C.) ou Démosthène (homme d'État athénien, 384-322 av. J.-C.), rappellent le souvenir de la bataille de Marathon pour motiver les cités grecques à reprendre la lutte ancestrale avec l'ennemi commun. Ce conflit désigne, dans l'esprit des Anciens, la victoire des Européens sur les Asiatiques.

Enfin, la Renaissance européenne et la redécouverte des textes grecs nourrit la philosophie des humanistes et plus tard celle des Lumières. Une partie de la critique de l'absolutisme (régime politique au sein duquel une personne détient tous les pouvoirs) et de l'appel aux révolutions démocratiques puise sa matière dans les récits des exploits athéniens au nom de l'isonomie. Il est certain que Marathon et, plus généralement, les guerres médiques, sont au fondement de la philosophie égalitaire, qui entraîna en Occident la guerre d'Indépendance américaine (1763-1783) et la Révolution française (1789).

EN RÉSUMÉ

Vers 550 av. J.-C.
Soumission des cités ioniennes aux Perses

500 av. J.-C.
Soulèvement des cités ioniennes

494 av. J.-C.
Les Perses reprennent le pouvoir dans les cités ionniennes

492 av. J.-C.
Début de la première guerre médique ;
échec de la campagne de Darius Ier contre les Grecs

491 av. J.-C.
Nouvelle campagne de Darius Ier contre les Grecs

490 av. J.-C.
13 sept. : **Bataille de Marathon ; fin de la première guerre médique**

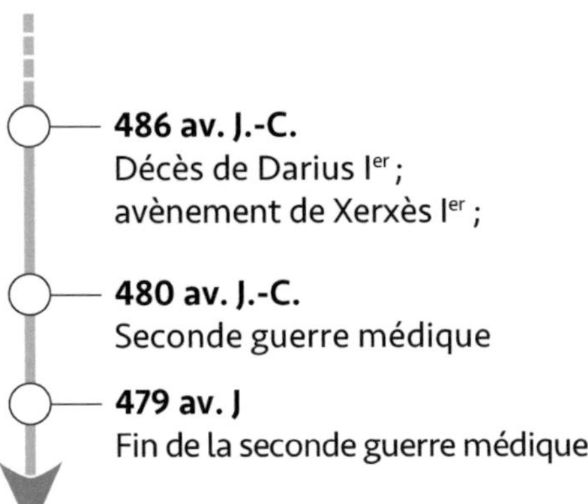

- En 500 av. J.-C., une révolte éclate en Ionie au sein des cités grecques d'Asie Mineure soumises à l'Empire perse. Le mouvement est suivi par d'autres situées en mer Égée, mais elle est finalement freinée par les Perses qui recouvrent leur domination en 494 av. J.-C.

- Souhaitant dominer la Grèce et étendre son empire, Darius Ier remarque l'intérêt économique que représenterait la domination des échanges commerciaux en mer Égée. Par conséquent, il lance une première campagne, en 492 av. J.-C., mais elle échoue.

- Un an plus tard, il repense sa stratégie et décide de conquérir les îles grecques de la mer Égée pour affaiblir les échanges commerciaux grecs.

- L'empereur perse sort victorieux sur les Cyclades et tente d'entrer en Attique en débarquant ses troupes dans la plaine de Marathon. Malgré des effectifs bien supérieurs, l'armée perse est battue. Elle paie ainsi le tribut d'un équipement moins performant que l'armement des hoplites et de la stratégie grecque qui la fait plier. Les Perses doivent donc rebrousser chemin.

- Pour Athènes, c'est une victoire militaire importante qui vient soutenir un modèle politique démocratique mis en place depuis peu (fin du VIe siècle av. J.-C.). Elle profère une légitimité à Athènes pour toutes les cités grecques qui se regroupent autour d'elle avec la ligue de Délos en 478 av. J.-C.

- Pour l'Empire perse, la défaite est mineure car il domine déjà un immense territoire (depuis l'Égypte jusqu'au Gange). Toutefois, Darius Ier décède en 486 av. J.-C. et ne peut prendre sa revanche. C'est son fils et successeur Xerxès Ier qui s'en chargera en 480 av. J.-C. en lançant une nouvelle invasion de l'Attique. Le conflit prend fin en 479 av. J.-C. à Platées (en Béotie) avec une nouvelle victoire grecque.

POUR ALLER PLUS LOIN

SOURCES BIBLIOGRAPHIQUES

- ARISTOPHANE, *Les Guêpes*, texte établi par V. Coulon et traduit par H. Van Daele, Paris, Les Belles Lettres, 1998.

- BILLOWS (Richard), *Marathon : How One Battle Changed Western Civilization*, Londres, Gerald Duckworth, 2010.

- BRIANT (Pierre), *Darius, les Perses et l'empire*, Paris, Gallimard, 2001.

- BRIANT (Pierre), *Histoire de l'empire perse de Cyrus à Alexandre*, Paris, Fayard, 1996.

- BRUN (Patrice), *La Bataille de Marathon*, Paris, Larousse, 2009.

- DIODORE DE SICILE, *Bibliothèque historique*, texte traduit et établi par A. Bianquis, Paris, Les Belles Lettres, 1997.

- HÉRODOTE, *Histoires*, livres V et VI, texte établi et traduit par P. Legrand, Paris, Les Belles Lettres, 1932.

- PAUSANIAS, *Description de la Grèce*, livre I, texte établi par M. Casevitz et traduit par J. Pouilloux, Paris, Les Belles Lettres, 1992.

- PICARD (Olivier), *Les Grecs devant la menace perse*, Paris, Sedes, 1995.

- WILL (Edouard), *Le Monde grec et l'Orient, tome I : le Ve siècle*, Paris, collection « Peuples et Civilisations », Presses Universitaires de France, 1992.

SOURCES COMPLÉMENTAIRES

- CTESIAS, *Histoires de l'Orient*, texte traduit et commenté par J. Auberger, Paris, Les Belles Lettres, 1991.

- AMOURATTI (Marie Claire) et Ruze (François), *Le Monde grec antique*, Paris, Hachette université, 1978.

- BASLEZ (Marie-Françoise), *Histoire politique du monde grec antique*, Paris, Armand Colin, 2010.

- BENGTSON (Hermann), *The Greeks and The Persians*, Londres, Delacorte Press, 1968.

- CORVISIER (Jean-Nicolas), *Guerre et société dans les mondes grecs (490-322 av. J.C.)*, Paris, Armand Colin, 1999.

- DUCRAY (Pierre), *Guerre et guerriers dans la Grèce antique*, Paris, Hachette littératures, 1999.

- GREEN (Peter), *Les Guerres médiques*, Paris, Tallandier, 2008.

- HANSON (Victor Davis), *Les Guerres grecques : 1400 - 146 av. J.-C.*, Paris, Autrement, 2000.

- HUYSE (Philippe), *La Perse antique*, Paris, Les Belles Lettres, 2005.

- KAPLAN (Michel), *Le Monde Grec, Histoire ancienne*, Bréal, 2010.

- KRENTZ (Peter), *The Battle of Marathon*, New Haven, Yale University Press, 2010.

- LEFEVRE (François), *Histoire du monde grec antique*, Le livre de poche, 2007.

- LEVY (Edmond), *La Grèce au Ve siècle : de Clisthène à Socrate*, Paris, Points Seuil, 1997.

- LLOYD (Alan), *Marathon : The Crucial Battle That Created Western Democracy*, Souvenir Press, 2004.

- PETRAKOS (Basile), *Marathon*, Athènes, The Archaeological Society at Athens, 1996.

- SEKUNDA (Nick), *Marathon, 490 B.C. : The first Persian invasion of Greece*, Westport, Praeger, 2005.

FILM

- *La bataille de Marathon*, film de Jacques Tourneur, avec Philippe Hersent, Alberto Lupo et Daniele Vargas, 1959.

ISBN ebook : 978-2-8062-5408-5
ISBN papier : 978-2-8062-5589-1
Dépôt légal : D/2014/12603/3
Photo de couverture : *Le soldat de Marathon,
Philippidès, annonçant la victoire après la bataille
de Marathon* (1869), Luc-Olivier Merson, Domaine
public.

Conception numérique : Primento,
le partenaire numérique des éditeurs